Tiny Tales of Umbria
Madrevite's Storybook

Written and Illustrated by
Marisa Finetti

ISBN 979-8-218-47703-5
Printed in Italy

Foreward

I met Nicola inside Ristorante L' Acquario in Castiglione del Lago. I had just arrived in my drenched sandals after being caught in a summer rainstorm while exploring this wonderfully quaint hamlet and its rural surroundings.

Nicola, who had walked over from his family home located just down the hill, was slinging bottles when he entered the restaurant. I knew we would be having a feast, namely fish. Well, because the restaurant's name gave it away. We were also steps away from Lake Trasimeno.

Whenever I am lucky enough to immerse myself in culture, I hope that it's shared with a person like Nicola. As layers of his character emerged, I discovered a charm so genuine and compelling that it was impossible to resist his passion and energy, and his love for this hyper-niche wine-growing area in the Umbria region. His humble nature kept his outstanding agronomy training in Cortona and early years in the Loire Valley from shadowing the visit. He knows he doesn't have to depend on his credentials - though he is profoundly grateful.

Instead, it's his character that drives anything that surrounds him, as he is a study of contrasts. His youthful exuberance be-lies a deep wisdom from generations of working the land. He possesses a playful spirit that dances with a fierce determination to elevate the wines of Trasimeno. His casual de-meanor masks an unwavering commitment to his craft, particularly in championing the misunderstood Gamay del Trasimeno - a grape that shares a name with Beaujolais but traces its lineage to Garna-cha.

I love that family is the bedrock of Nicola's world. His wife and daughters are not merely the love of his life, but the very source of his boundless energy. This sense of family extends to his team at Madrevite. Each person in his orbit is treated with the same care and respect as his vines.

We had a lot of wine that night, paired with lake fish prepared in numerous and inventive ways. The next morning, we walked the vineyards, crushed calcareous clay between our fingertips, savored the few black truffles he found on our walk, and then took a boat ride on the calm lake. We lunched on local salumi, beans, and hand-rolled pici pasta in tomato sauce and wines—quite the perfect day.

As you read these pages, I invite you to pour a glass of wine, preferably one of his. Let it transport you to the sun-drenched shores of Lake Trasimeno, where Nicola, with soil-stained hands and a heart full of love, tends to his vines, crafting not just wine, but a legacy started by his grandfather 100 years ago. It's a testament to the magic that happens when one's life work aligns perfectly with one's joy.

Marisa

Prefazione

La prima volta che ho incontrato Nicola è stato al Ristorante L'Acquario a Castiglione del Lago. Ero appena arrivata con i sandali bagnati fradici dopo essere stata sorpresa da un temporale estivo mentre esploravo questo incantevole borgo e i suoi dintorni. Nicola, che era salito da casa sua, appena giù dalla collina, aveva con sé alcune bottiglie.

Sapevo che avremmo fatto una scorpacciata, in particolare di pesce. Beh, il nome del ristorante lo lasciava intuire. Eravamo anche a due passi dal Lago Trasimeno.

Ogni volta che ho la fortuna di immergermi in una cultura, spero di condividerla con una persona come Nicola. Mano a mano che emergevano i vari aspetti del suo carattere, scoprivo un fascino così genuino e coinvolgente che era impossibile resistere alla sua passione, alla sua energia inesauribile e al suo amore per questa area vitivinicola di nicchia nella regione dell'Umbria. La sua natura umile non ha permesso che l'eccellente formazione in agronomia a Cortona e i suoi primi anni nella Valle della Loira oscurassero la vista dagli obiettivi vinicoli nella sua terra natia. È il suo carattere a guidare tutto ciò che lo contraddistingue, perché è un mix di contrasti. La sua esuberanza giovanile nasconde una saggezza profonda, frutto di generazioni di lavoro della terra.

Possiede uno spirito giocoso che si intreccia con una determinazione feroce a elevare i vini del Trasimeno. Il suo atteggiamento informale maschera un impegno incrollabile per il suo mestiere, soprattutto nel difendere il Gamay del Trasimeno, un vitigno frainteso che condivide il nome con il Beaujolais ma che trova le sue origini nella Garnacha.

Amo il fatto che la famiglia sia il fondamento del mondo di Nicola. Sua moglie e le sue figlie non sono solo l'amore della sua vita, ma la fonte stessa della sua energia inesauribile. Questo senso di famiglia si estende al suo team di Madrevite. Ogni persona nel suo team viene trattata con la stessa cura e rispetto che riserva alle sue vigne. Quella sera abbiamo bevuto molto vino, abbinato a pesce di lago preparato in modi diversi e inventivi. La mattina dopo, abbiamo camminato tra le vigne, schiacciato tra le dita l'argilla calcarea, assaporato i pochi tartufi neri che ha trovato durante la passeggiata e poi fatto un giro in barca sul lago. Abbiamo pranzato con salumi locali, fagioli e pici fatti a mano con sugo all'aglione abbinati ai suoi vini, un giorno perfetto.

Mentre leggi queste pagine, ti invito a versarti un bicchiere di vino, preferibilmente uno dei suoi. Lasciati trasportare sulle rive soleggiate del Lago Trasimeno, dove Nicola, con le mani sporche di terra e il cuore pieno d'amore, si prende cura delle sue vigne, producendo non solo vino, ma custodendo un'eredità iniziata da suo nonno 100 anni fa. È una testimonianza della magia che accade quando il lavoro della vita di una persona si allinea perfettamente con la sua gioia.

                                                                    Marisa

Celebrating **20** *Years*
Dedicated to **Zino**

"This year marks the celebration of 20 years
which all began with my grandfather, Zino.
I have countless cherished memories,
and because of him, I am doing what I do today.
Some people say I resemble him in character.
He was stubborn and never gave up
during difficult times. I hope he is proud
of our achievements today,
even though he is no longer with us."

20 *anni di Madrevite*
Dedicato a **Zino**

"Questo è un anno particolare, che segna i 20 anni
dalla fondazione di Madrevite, quando
tutto è iniziato con mio nonno Zino.
Ho così tanti ricordi legati a lui, e proprio grazie
alla persona che era, faccio questo lavoro.
Alcuni dicono che gli somiglio molto, anche a livello
caratteriale. Era molto testardo e tenace, non
facendosi piegare dai momenti difficili.
Spero sia fiero di cosa siamo diventati oggi,
nonostante non sia più con noi".

- Nicola Chiucchiurlotto

Nicola Chiucchiurlotto

Hi! I'm Nicola, third generation winemaker and owner of Madrevite.

Like anyone who loves Italian culture, I understand and respect our unique traditions, but as a life-long student of agronomy and oenology, I know that excellent wines do not happen by accident. Flip through the pages of the past and present of my land - the best-kept secret in Umbria - to discover all about our wines, our food, our place, and our culture. It's our "turn!"

CIAO!
Sono Nicola, enologo e proprietario di Madrevite, azienda che la mia famiglia possiede da ormai tre generazioni. Amo le nostre tradizioni ma come eterno "studente" di enologia e agronomia, so che un buon vino non viene prodotto per caso e richiede un costante impegno dentro e fuori la vigna. Ti invito a sfogliare le pagine del passato e del presente della mia terra - un piccolo angolo segreto di Umbria - per scoprire i nostri vini, il nostro cibo, il nostro luogo, la nostra cultura. Buona lettura!

MADREVITE

WHERE?
are we?
DOVE siamo?

The picturesque region of **UMBRIA** is often referred to as the **"Green Heart"** 💚 of Italy due to its sparsely populated countryside and the pristine, gently rolling hills, mountains, and valleys covered in woods, pastures, olive groves, and vineyards. Umbria is unique among Italian regions as it doesn't border the sea or another country.

Take a look around, and you'll see that Umbria resembles Renaissance landscape paintings, with well-preserved medieval villages and numerous ancient fortresses that give the feeling of time standing still.

La pittoresca Umbria è spesso definita "il cuore verde" 💚 d'Italia: campagne sconfinate, dolci colline, montagne con pascoli e valli incontaminate che l'uomo ha sempre amato e curato nel corso dei secoli. L'Umbria è anche l'unica regione d'Italia che non confina col mare o un altro Paese.

Se ti guardi attorno riconoscerai gli stessi panorami dipinti dagli artisti rinascimentali, dove borghi e fortezze medievali sembrano quasi fermi nel tempo.

UMBRIA

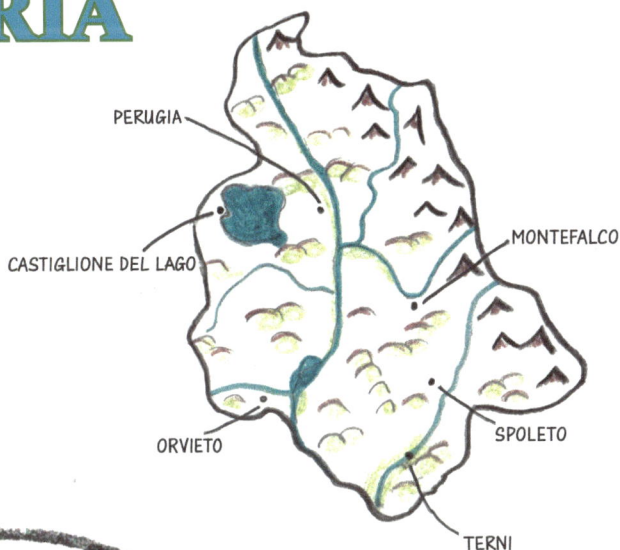

PERUGIA

MONTEFALCO

CASTIGLIONE DEL LAGO

ORVIETO

SPOLETO

TERNI

UMBRIA
is a crossroads of cultures
of the people of central Italy since
the Middle Ages. It is an unspoiled
garden, and home of the world's most
famous saints, such as Francesco di Assisi,
who dedicated his life to the care and
protection of people and animal species
back in the 13th century. It is also a
region that guarantees and
promotes biodiversity.

Nicola
Chiucchiurlotto
Madrevite

"L'UMBRIA è un crocevia di culture e popolazioni sin dal Medioevo. È un giardino incontaminato e dimora dei santi più famosi del mondo come Francesco di Assisi, che dedicò la sua vita alla cura e alla protezione delle persone e delle specie animali già nel XIII secolo. È anche una regione che garantisce e promuove la biodiversità". NC

3

Celebrating UMBRIA

Orvieto, Spoleto, Gubbio, and Castiglione del Lago boast breathtaking architecture, ancient walls, and sweeping views of the scenic countryside and vineyards. Perugia is the capital and a historical and artistic gem.

While Umbria is abundant in art, history, and culture, is also very much celebrated for its wine and olive oil traditions, which date back to the region's ancient past.

Orvieto, Spoleto, Gubbio e Castiglione del Lago vantano un'architettura mozzafiato, antiche mura e panorami con uliveti e vigneti a perdita d'occhio. Perugia è un gioiello storico e artistico, il cuore pulsante del centro Italia.

Ma non solo: sebbene l'Umbria sia ricca di arte, storia e cultura, è anche celebrata per le sue tradizioni come la produzione di vino e olio d'oliva, che risalgono all'antico passato della regione.

Festeggiamo *l'UMBRIA*

Umbria has its
viticultural landmarks in
Orvieto and Montefalco,
but Lake Trasimeno has a
long tradition as well, and is
perhaps even more unique
and fascinating in terms of landscape.
A true gem of Central Italy.

Alessandro Masnaghetti
Cartographer "map man"
& Journalist

Lake Trasimeno
43.1296° N
12.0947° E

"L'Umbria ha i suoi riferimenti viticoli in Orvieto e
Montefalco, ma anche il Lago Trasimeno può vantare
una lunga tradizione ed è forse ancora più unico e affas-
cinante in termini di paesaggio.
Una vera gemma del Centro Italia". AM

UMBRIA
bite-sized facts
Fatti in miniatura

Umbria is the birthplace of **St. Francis of Assisi**. He was one of the most venerated figures in Christianity, celebrated for his love of nature and animals.

L'Umbria è la terra natia di San **Francesco d'Assisi**, *una delle figure religiose più importanti della religione cristiana. Ciò che lo contraddistinse fu il suo amore per la natura e gli animali.*

BACI!

Perugia, the capital of Umbria, is renowned for being home to Perugina, the famous Italian chocolate manufacturer.

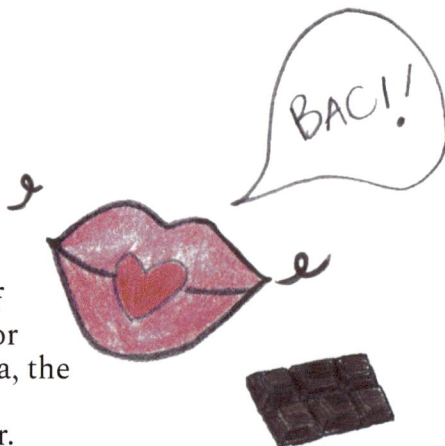

Perugia, *capoluogo dell'Umbria, è famosa per essere la patria di Perugina, il rinomato produttore italiano di cioccolato.*

if you like **TRUFFLES,**
Umbria has a lot of it!

Se ti piace **IL TARTUFO,**
l'Umbria ne ha tantissimo

Scorzone
Also known as summer truffle,
scorzone *(Tuber aestivum)*
is a **black truffle**,
whose nickname derives from its rough
and particularly bumpy rind.
Enjoy its delicate aroma.
Grate generously on your favorite dish.

Noto anche come tartufo estivo,
lo scorzone (Tuber aestivum) è un
***tartufo nero**, il cui soprannome*
deriva dalla sua ruvidezza e dalla buccia
particolarmente rugosa.

The town of Deruta has been renowned for its
exquisitely decorated pottery, also known as
Majolica, since the early Middle Ages.
It is distinguished by its intricate designs
and vibrant colors.

La città di Deruta è conosciuta per
la sua centenaria tradizione
ceramista; le creazioni
*tradizionali sono chiamate **Ma-***
***joliche** e si producono sin dal*
Medioevo.
Sono caratterizzate da
motivi dettagliati e colori
sgargianti.

7

Lake Trasimeno
Lago Trasimeno

Even a seasoned traveler may skirt past the shores of Lake Trasimeno to discover the better-known wine regions of Umbria, like Montefalco (home to the Sagrantino grape) and Orvieto (known for their historic white blends). However, the land around Lake Trasmeno, located in the northwest pocket of Umbria offers its own charming discoveries!
Let's go!

Anche un viaggiatore esperto potrebbe essere attirato dalle zone più rinomate della regione, come Montefalco (famosa per il Sagrantino) e Orvieto (conosciuta per i suoi storici bianchi). Tuttavia, l'area del Lago Trasimeno, nel nordovest dell'Umbria, offre viste mozzafiato e panorami da scoprire.

Lake Trasimeno and its surrounding area in Umbria offer abundant history, natural beauty, and cultural significance. The picturesque lake is the perfect spot for recreational activities such as boating, fishing, and birdwatching.

Il Lago Trasimeno e i suoi dintorni offrono un patrimonio sconfinato di storia, bellezza e cultura. L'incantevole lago offre attività ricreative come canottaggio, pesca e birdwatching.

Lesson: **Geology**

The basin of the lake is thought to have formed due to tectonic movements and was later shaped by glacial erosion and deposition. Lake Trasimeno started as a marine gulf in the continental shelf of the Tyrrhenian Sea during the Early Pliocene. Over time, it transformed into a freshwater lake, filling a subsiding tectonic depression from the middle Pleistocene **"Ice Age"** to the present day.

Lezione: **Geologia**

Si ritiene che il bacino del lago sia stato creato da movimenti tettonici e ulteriormente modellato dall'erosione e dalla deposizione glaciale. Il Lago Trasimeno è una depressione sviluppatasi come golfo marino nella piattaforma continentale del Mar Tirreno (durante il Pliocene inferiore). Divenne così un lago d'acqua dolce, andando a riempire una depressione tettonica in declino dal Pleistocene medio fino ai giorni nostri.

BEFORE Lake Trasimeno ...
PRIMA del Lago Trasimeno ...

About **1.5** million years ago,
a large part of central Umbria
was covered by a vast and shallow
lake (Lake Tiberino).

Circa **1,5** *milioni di anni fa,
gran parte dell'Umbria centrale era
coperta da un lago (Lago Tiberino).*

Lake TIBERINO
Lago TIBERINO

When the mountains rose, it left behind alluvial and lacustrine deposits, sandstone, marl, and clay in and around Colli del Trasimeno.

Quando le montagne si sollevarono, lasciarono depositi alluvionali e lacustri, marne arenarie e argille rinvenute nei dintorni dei Colli del Trasimeno.

Land

The land around Lake Trasimeno is characterized by a combination of **rolling hills**, fertile plains, and picturesque valleys. The gentle slopes provide stunning panoramic views of the lake and surrounding countryside. Vineyards are predominantly concentrated on the hillsides.

Terra

*Il territorio intorno al Lago Trasimeno è caratterizzato da una combinazione di **dolci colline**, fertili pianure e valli affascinanti. I rilievi offrono splendide viste panoramiche sul lago e sulla campagna circostante. I vigneti sono prevalentemente concentrati sulle zone collinari.*

Climate

The climate is typically Mediterranean, with hot, dry summers and mild, wet winters. The area's proximity to three lakes (**Chiusi, Trasimeno, Montepulciano**) mitigates the extreme summer and winter temperatures and provides continuous ventilating **breezes**.

Clima

*l clima attorno al Lago Trasimeno è tipicamente Mediterraneo, caratterizzato da estati calde e secche e inverni miti e umidi. La vicinanza della zona di coltivazione a tre laghi (**Chiusi**, **Trasimeno, Montepulciano**) mitiga le temperature estreme estive e invernali e porta **brezze** fresche.*

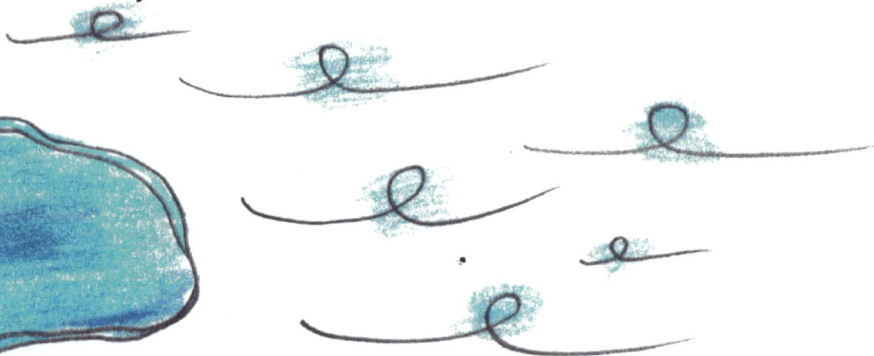

Soil

Calcareous clay soils encircle the lake, interspersed with pebbles and marine fossils, resulting from the depression formed as a marine gulf on the continental shelf of the Tyrrhenian Sea.

Suolo

Suoli calcarei argillosi circondano il lago, con ciottoli e fossili marini, dovuti alla depressione formata come un golfo marino sulla placca continentale del Mar Tirreno.

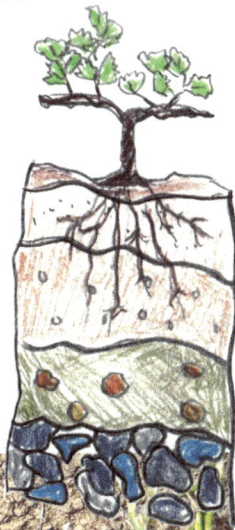

MADREVITE
The early years...

In the 1970s, Nicola's grandfather, Zino, embarked on a remarkable journey. He developed a new vineyard by grafting ancient cuttings from the area, laying the groundwork for what was to become a legacy. His work was then lovingly nurtured by Nicola's father, Enio. Their combined knowledge and experience guided them to settle among the best hillside locations for grape-growing, on the picturesque western shores of Lake Trasimeno.

Young Nicola admired and learned from his grandfather and father as they worked on the family farm. Eventually, he joined their efforts, cherishing the humility and passion with which their family constantly strove to improve and give value to their crops and their wines.

I primi inizi...

Negli anni '70 il nonno di Nicola, Zino, piantò un nuovo vigneto, innestando antiche barbatelle della zona, e ponendo così le basi per quella che sarebbe diventata un'eredità vitivinicola unica. Il suo lavoro è stato poi amorevolmente continuato dal padre di Nicola, Enio. Una combinazione di esperienza e conoscenza li ha portati a stabilirsi tra le migliori colline per la coltivazione della vite, sulla sponda occidentale del Lago Trasimeno, a Vaiano.

Nel frattempo, Il giovane Nicola ammira e impara dal nonno e dal padre, mentre lavorano nell'azienda agricola di famiglia. Alla fine si unisce a loro, facendo tesoro dell'umiltà e della passione con cui la famiglia cercava costantemente di migliorare e valorizzare le proprie colture e i propri vini.

In 2003, a turning point arrived. Nicola decided to take the family estate to new heights by replanting part of his grandfather's vineyards, propelling the farm from a simple *vino sfuso* (house wine) operation to a modern winery, offering a high-quality range of single-varietal wines: Gamay del Trasimeno, Trebbiano Spoletino, Grechetto, Sangiovese, and Syrah.

Nel 2003 arriva la svolta. Nicola decide di portare l'azienda di famiglia a nuovi traguardi, reimpiantando parte dei vigneti del nonno, trasformando l'azienda agricola da una semplice azienda produttrice di vino sfuso a una moderna azienda vinicola, offrendo una gamma di vini monovarietali di alta qualità: Gamay del Trasimeno, Trebbiano Spoletino, Grechetto, Sangiovese e Syrah.

What's in a name?

Cos'è la Madrevite?

The **MADREVITE** is a tool that Umbrian winemakers used in the past to fasten the wine-filled barrels. It symbolizes the link between the past traditions with modern agricultural and winemaking techniques that form the true essence Madrevite's wine production.

La **MADREVITE**

è un antico strumento che i viticoltori umbri utilizzavano in passato durante il processo di vinificazione per fissare l'usciolo alle botti di legno colme di vino. Simboleggia il legame tra il passato e le tradizioni che, unite alle moderne pratiche agronomiche e di cantina, costituisce la vera essenza della produzione vinicola della famiglia.

MADREVITE
TODAY

MADREVITE *OGGI*

In the picturesque region of Vaiano, nestled within the municipality of Castiglione del Lago in the province of Perugia, lies the enchanting and modest Madrevite. Falling within the **Trasimeno DOC** area, it is a place of breathtaking beauty, where nature thrives, wines are thoughtfully produced, and secrets of truffle hunting await those in the know. 😉

*Nella piccola frazione di Vaiano, immersa nel verde del comune di Castiglione del Lago in provincia di Perugia, si trova l'azienda vinicola Madrevite. Rientrando nell'area **DOC del Trasimeno**, è un luogo di bellezza mozzafiato, dove la natura prospera, i vini sono prodotti con cura e i segreti della caccia al tartufo attendono gli esperti.*

Nicola, the visionary behind Madrevite, cherishes the indigenous varieties of Gamay del Trasimeno, Grechetto, and Sangiovese as the true champions safeguarding the priceless heritage of the land.

At the heart of Madrevite, a revitalized cellar stands as a testament to their commitment to environmental and economic sustainability. Here, amidst the rolling hills, the dedicated team pursues the lofty goal of crafting wines that echo the very spirit of the land. Their methods include enhancing soil fertility, fostering environmental **biodiversity**, and practicing high-sustainable agronomic techniques.

Nicola, il visionario produttore dietro Madrevite, custodisce le varietà autoctone di Gamay del Trasimeno, Grechetto e Sangiovese come le punte di diamante che salvaguardano l'inestimabile patrimonio della terra.

*Nel cuore di Madrevite, una cantina completamente rimoder-nata testimonia l' impegno per la sostenibilità ambientale ed economica. Qui un team appassionato persegue l'alto obiettivo di creare vini che respirano la terra, attraverso la promozione della **biodiversità** ambientale e buone pratiche di agricultura sostenibile.*

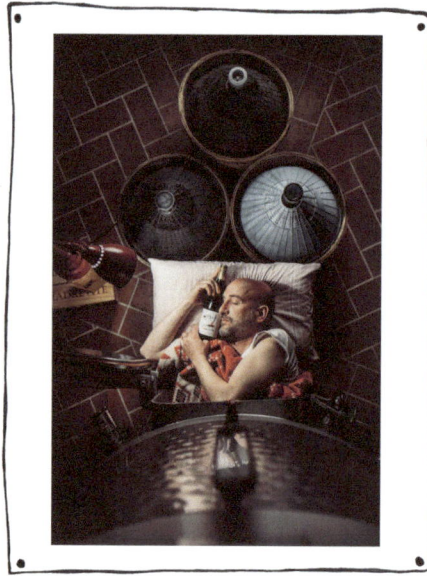

Through their meticulous selection of the healthiest grapes and a preference for **spontaneous fermentation** with native yeasts, Madrevite's dedication shines through. Soft pressing and neutral vinification showcase the fruit's character and the terroir.

Inside the aging room, the wines slumber in historic concrete vessels and large wooden casks, where the wines mature gracefully, ready to showcase all the nuances of the vintage.

*Madrevite predilige la pressatura soffice e una naturale maturazione dei vini. In cantina, serbatoi di acciaio dotati di un sistema a temperatura controllata regolano la delicata alchimia della vinificazione. Attraverso la meticolosa selezione delle uve più sane e una preferenza per la **fermentazione spontanea** rispetto ai lieviti aggiunti, la cura di Madrevite si riflette nei suoi prodotti.*

All'interno della cantina per l' invecchiamento si trovano storiche botti di cemento e grandi botti di legno, dove i vini maturano con grazia, pronti a rendere tutte le sfumature dell'annata.

Not only wine! In addition to vineyards, they cultivate around 20 hectares of seed crops, including one hectare dedicated to legumes and another to the renowned Fagiolina del Trasimeno, a multicolored bean recognized by the Slow Food presidium. The estate also tends to 1,500 olive trees, showcasing its commitment to diverse, sustainable agriculture. Each harvest is a celebration of the land's bounty and a testament to the enduring **spirit of Madrevite**.

*Non solo vino! Madrevite si prende cura di circa 20 ettari di seminativo, ai quali si aggiungono un ettaro di legumi e un ettaro della famosa Fagiolina del Trasimeno, fagiolo multicolore presidio Slow Food. Infine vengono coltivate anche 1500 piante di ulivo. È una storia di passione e perseveranza, dove ogni raccolto è una celebrazione della generosità della terra e una testimonianza dello **spirito di Madrevite**.*

Making wine today is like looking at the horizon, maintaining a dream, but also focusing on the goals that will lead you to reach them. For me, wines are also the people you meet along the way who push you to get better and better every year.

Nicola Chiucchiurlotto

"Fare vino oggi è come guardare l'orizzonte: occorre mantenere un sogno concentrandosi sugli obiettivi che che vi porteranno a raggiungerlo. Per me il vino non è solo qualcosa da bere,ma sono anche le persone che si incontrano lungo la strada che ti spingono a migliorare sempre, di anno in anno". **NC**

Notes from the LAND...
where wine is cultivated
Note dalla terra...dove si coltiva il vino

"The goal is to keep the vines in constant vegetation - a technique that protects the plants and grape clusters from the sun. For example, kaolin (clay) is applied to prevent dehydration."

"Il nostro obiettivo è mantenere la vegetazione delle vigne costante, attraverso tecniche che proteggono le piante e i grappoli dal sole. Per esempio, utilizziamo molto il caolino per evitare la disidratazione".

"The winery experiences constant vineyard change.
Weeding and planting promotes adaptation to climate change."

"Madrevite affronta costanti cambiamenti nel corso degli anni: il diserbo e le coltivazioni limitrofe aiutano le vigne ad adattarsi al cambiamento climatico".

- Stefano Dini & Dario Ceccatelli
agronomists, Madrevite

Notes from the CELLAR...
where style flourishes
Appunti dalla cantina...dove fiorisce lo stile

"We produce wines that have elegance, balance, and drinkability as the hallmarks."

"Produciamo vini che vogliono essere eleganti, equilibrati e soprattutto beverini".

"Lo stile di Madrevite è contemporaneo ma basato sul rispetto del territorio e delle diverse varietà che coltiviamo. L'obiettivo è quello di esaltare le proprietà organolettiche di ciascuna varietà sfruttando gli ottimi suoli sui quali crescono le nostre uve".

"The style of Madrevite is very contemporary, based on our respect for the territory and the grape varieties we grow. The goal has always been to exalt the organoleptic characteristics of each grape variety by enhancing the peculiarities expressed on the hills overlooking Lake Trasimeno."

-*Emiliano Falsini*
winemaker, Madrevite

hello, GRAPES!
ciao, UVA!

Sagrantino

Sagrantino, a bold and illustrious grape, hails from the ancient vineyards surrounding the towns of **Montefalco**, Bevagna, Gualdo Cattaneo, and others. This wine is known for its dark, dense, and dry character, a departure from its sweet origins. When crafted with care, it reveals a wild and luscious bramble of blackberries intertwined with savory herbs, boasting an enduring flavor and **formidable tannins**.

*Il Sagrantino, un'uva audace e famosa in Umbria, proviene dagli antichi vigneti che circondano le città di **Montefalco**, Bevagna, Gualdo Cattaneo e altre frazioni attorno ad esse. Questo vino è noto per il suo carattere scuro, denso e secco, lontano dalle sue origini dolci. Se vinificato con cura, rivela sentori di mora di rovo selvatico e more con note di erbe aromatiche, vantando persistenza e **tannini formidabili**.*

Sangiovese

In the vineyards of Italy, the reigning grape **superstar** is none other than Sangiovese. This beloved cultivar is widely celebrated and thrives across the beautiful Italian countryside. It takes center stage in the creation of esteemed wines like Chianti Classico and Brunello di Montalcino.

Sangiovese is renowned for its remarkable versatility and has an extraordinary knack for expressing the distinctive essence of the terroir. From light and juicy to bold and complex, Sangiovese is a true maestro of the vine.

*Nei vigneti italiani, l'uva **superstar** è il Sangiovese. Questa uva è ampiamente celebrata e prospera nella campagna italiana. È protagonista nella creazione di vini pregiati come il Chianti Classico e il Brunello di Montalcino.*

Il Sangiovese è rinomato per la sua notevole versatilità e la sua straordinaria capacità di esprimere l'essenza distintiva del suo terroir. Dalla produzione di vini leggeri e succosi alla creazione di vini audaci e complessi, il Sangiovese è un vero maestro della vite.

Gamay del Trasimeno

Cultivated in Umbria for hundreds of years on the tranquil shores of Lake Trasimeno, Gamay del Trasimeno (Spanish Garnacha) most likely arrived as part of the dowry of Eleonora Mendoza on her marriage in 1610 to the last Lord of Castiglione del Lago, the Duke Fulvio Alessandro della Corgna. Centuries later, the migration of Sardinian shepherds brought Cannonau grapes to this part of Umbria, further entrenching the presence of Garnacha/Grenache here. While not native to Italy, the grape has become a **cherished and traditional** part of this area due to its enduring history and deep roots.

*Coltivato in Umbria per centinaia di anni sulle tranquille rive del Lago Trasimeno, il Gamay del Trasimeno (Garnacha spagnola) giunse in Umbria molto probabilmente come parte della dote matrimoniale di Eleonora Mendoza nel 1610 con l'ultimo Signore di Castiglione del Lago, il duca Fulvio Alessandro della Corgna. Secoli dopo, la migrazione dei pastori sardi portò l'uva Cannonau in questa parte dell'Umbria, radicando ulteriormente la presenza del Grenache qui. Pur non essendo autoctona dell'Italia, l'uva è diventata una parte **amata e tradizionale** di questa zona grazie alla sua storia antica e le sue profonde radici.*

Within the green hills of the Umbria region, there is a hidden gem around Lake Trasimeno from which one of the best Umbrian rosé originates. The rosato from the Gamay del Trasimeno grape is juicy and versatile with a savory finish; a solid part of the identity of this territory.

Chiara Giorleo
wine critic
co-editor
"100 Best Italian Rosé" Guide

"Tra le verdi colline umbre si nasconde un tesoro che si sviluppa attorno al Lago Trasimeno dove nasce uno dei migliori rosati della regione. Il **rosato** *a base Gamay del Trasimeno è un rosé versatile e succoso con un finale sapido, parte integrante dell'identità di questo territorio".* **CG**

Gentle reminder!
Gamay del Trasimeno is entirely different from the Gamay grape cultivated in France's Beaujolais region. It possesses its own identity as a **biotype** within the Grenache family.

Nota bene!
Il Gamay del Trasimeno è un'entità unica, completamente distinta dall'uva Gamay coltivata nella regione del Beaujolais in Francia. Possiede una propria identità come **biotipo** *all'interno della famiglia del Grenache.*

25

what is a BIOTYPE?

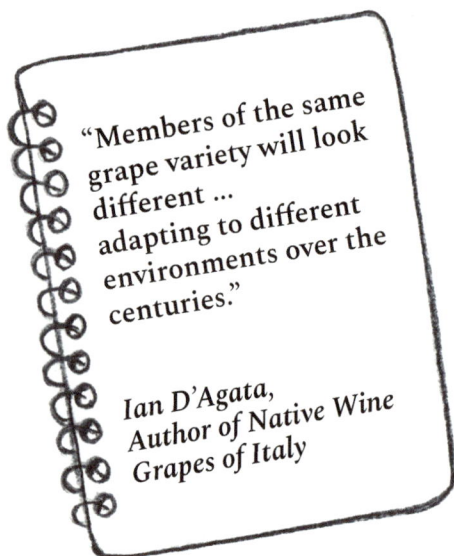

"Members of the same grape variety will look different ... adapting to different environments over the centuries."

Ian D'Agata,
Author of Native Wine Grapes of Italy

"Attraverso i secoli, tutte le uve si adattano ai territori nelle quali vivono attraverso mutazioni nel loro DNA; per questo motivo, uve una volta identiche col tempo assumono nuovi aspetti e comportamenti, creando cosi' nuovi biotipi della stessa varieta". **ID**

Grapevines have traveled across the globe.

Le viti hanno viaggiato in tutto il mondo.

cos'è un BIOTIPO?

> We are "family" but we grew up in different places.

As a result, the grapes have **different observable traits**, such as the shape and color of the leaf and grape.

*Il risultato è che abbiamo **tratti visibili** molto diversi, come la forma e il colore delle foglie e degli acini.*

Grechetto

An important white grape in Umbria and also a subject of study at Perugia University, Grechetto offers **two distinct varieties**:

Grechetto di Orvieto of Umbria, the traditional white grape of Umbria, and **Grechetto di Todi**, equivalent to the Pignoletto of Emilia Romagna.

Wines are generally labeled as "Grechetto" and may also be a blend of the two different grape varieties. Grechetto is unique in its ability to produce both light, crisp wines and more complex, richer styles, which contributes to its enduring appeal among wine enthusiasts. Known for its freshness and immediate allure, Grechetto - whether enjoyed alone or as part of a blend - offers a distinct taste of central Italian terroir and winemaking heritage.

*Importante uva bianca dell'Umbria e oggetto di studio anche presso l'Università di Perugia, il Grechetto fa riferimento a **due varietà distinte**:*

*Il **Grechetto di Orvieto** dell'Umbria, tradizionale uva bianca della regione, e il **Grechetto di Todi**, equivalente al Pignoletto dell'Emilia Romagna.*

I vini sono generalmente etichettati come "Grechetto" e possono anche essere un blend dei due diversi vitigni. Il Grechetto è unico nella sua capacità di produrre sia vini leggeri e croccanti che vini più complessi e ricchi, il che contribuisce al suo fascino duraturo tra gli appassionati di vino. Conosciuto per la sua freschezza, il Grechetto gustato da solo o come parte di un blend, offre un gusto distinto del terroir e del patrimonio enologico dell'Italia centrale.

Trebbiano Spoletino

Nestled mainly around Spoleto, there is a **native gem** called Trebbiano Spoletino. The grape, once on the brink of extinction in the late 20th century, is now gradually captivating the hearts of wine enthusiasts far and wide. A true embodiment of the region, Trebbiano Spoletino wines delight with their vibrant acidity and enchanting notes of citrus, blossoms, herbs, and tropical fruits. It's like sipping a piece of Umbrian sunshine!

*Coltivato principalmente intorno alle aree di Spoleto, qui troviamo un **gioiello autoctono** chiamato Trebbiano Spoletino. L'uva, quasi estinta alla fine del XX secolo, sta ora gradualmente conquistando i cuori degli appassionati di vino. Vera incarnazione della regione, il Trebbiano Spoletino delizia con la sua vibrante acidità e le incantevoli note di agrumi, fiori, erbe e frutti tropicali. È come sorseggiare un raggio di sole umbro!*

Trebbiano Toscano

Widely planted throughout Italy, it is particularly common in Umbria, where it is known as Procanico in Orvieto. It is often blended with more distinctive grapes like Grechetto to create wines with greater character. Additionally, Trebbiano Toscano is used to make the deliciously sweet dessert wine, Vin Santo. **Cool fact?** Trebbiano Toscano is called Ugni Blanc in France and is used for Cognac production.

*Coltivato in gran parte dell'Italia, è una varietà comune in Umbria dove è conosciuta meglio come Procanico, specialemente nella zona di Orvieto. La sua spiccata acidità lo rende un vino perfetto per i blend. Dal Trebbiano Toscano si produce anche Vin Santo, un delizioso vino dolce. **Lo sapevi?** in Francia Il trebbiano Toscano è chiamato Ugni Blanc ed è utilizzato nella produzione del Cognac.*

29

Montepulciano

Montepulciano, native to the region of Abruzzo, is a beloved jack-of-all-trades that can be used to produce sparkling, dry, sweet, red, and rosé wines. Wines made from Montepulciano are known for their deep ruby color and fruity cherry flavors. They are typically full-bodied with ripe tannins.

*Il Montepulciano, originario dell'Abruzzo, è un **vitigno molto versatile**. Può essere utilizzato per produrre vini frizzanti, secchi, dolci, rossi e rosati. I vini prodotti da questa uva, sono noti per il loro colore rubino e i sapori fruttati di ciliegia. Inoltre sono tipicamente corposi con tannini maturi.*

Don't confuse Montepulciano (the grape) with Vino Nobile di Montepulciano DOCG, which is based on Sangiovese grown around the town of Montepulciano.

Non confondere il Montepulciano (uva) con il vino nobile di Montepulciano DOCG, che si produce dal Sangiovese coltivato attorno alla città di Montepulciano in Toscana.

Syrah

Syrah is a dark-skinned grape variety known for producing powerful and full-bodied red wines. Originating from the Rhône Valley in France, Syrah is now cultivated in various wine regions around the world.

The cultivation of Syrah has a long history in Umbria's Cortona area, going back to the 1700s.

Its presence in Umbria is a testament to the region's dynamic and evolving wine scene, offering wine lovers another exciting expression of this versatile grape. Syrah brings a touch of **cosmopolitan** to Umbria!

*Il Syrah è un vitigno dalla buccia scura, che regala vini rossi potenti e corposi. Originario della Valle del Rodano in Francia, il Syrah è ora coltivato in varie regioni vinicole del mondo. La coltivazione del Syrah in Umbria testimonia la scena vinicola dinamica e in evoluzione della regione, offrendo agli amanti del vino un'altra entusiasmante espressione di questa versatile varietà: un tocco **cosmopolita** in Umbria!*

DID YOU KNOW?
Nicola's wine education extends from Cortona, where Syrah thrives, to the Loire Valley in France.

LO SAPEVI?
La formazione enologica di Nicola si estende dalla vicina Cortona, dove prospera il Syrah, alla Valle della Loira in Francia.

the ETRUSCAN
connection

The Etruscan civilization developed the territories of modern-day Toscana and Umbria before the 8th century BC. They domesticated wild vines and trained them high above ground using trees as natural supports. This system of **"vine married to a tree"** is known as alberata or vite maritata all'alberata, which is still seen in Umbria today.

VITE
MARITATA

Il collegamento
ETRUSCO

*La civiltà etrusca abitò i territori delle attuali Toscana e Umbria prima dell'VIII secolo a.C, sviluppando il settore agricolo e commerciale. Impararono a coltivare le viti selvatiche piantandole più in alto rispetto al livello del suolo, utilizzando gli alberi come supporti naturali. Questo sistema della **"vite maritata ad albero"** in Umbria si utilizza ancora oggi.*

things to
SEE & DO
at the Lake

Lake Trasimeno is situated in Italy's Umbria region near the Tuscany border. Admire the breathtaking scenery of charming villages, verdant hills, vineyards, and olive groves surrounding its shores. This popular destination offers a wide range of outdoor activities, including bird-watching, hiking, cycling, and water sports.

ATTIVATÀ al
Lago Trasimeno

Il Lago Trasimeno si trova vicino al confine con la Toscana. Qui puoi ammirare panorami mozzafiato di borghi incantevoli, colline verdeggianti, vigneti e uliveti che circondano le sue sponde. Negli ultimi anni è divenuta una destinazione in grado di offrire una vasta gamma di attività all'aperto, tra cui birdwatching, escursionismo, ciclismo e sport acquatici.

go *al fresco*

Origin of the word **"PICNIC"**

In French...
Piquer means **"to peck,"** as a bird does when eating.
Nique means **"something trivial."**

Both words, combined and the fact that they
rhyme, create a playful and happy-sounding
portmanteau: a word made from two others mashed
together.

pic nic(co)

In francese Piquer significa
*"**beccare**," come un*
uccellino quando mangia. Nique
*significa "**qualcosa di banale**."*

Entrambe le parole, grazie alla rima,
creano un suono giocoso e felice, un
termine definito portmanteau: una parola
composta dall'unione di altre due.

PICNIC at Madrevite!

How about picnicking by the winery? Soak up the beauty of Lake Trasimeno, while sipping local wines, enjoying delicious food with friends and family, and taking in the stunning sunset over Lake Chiusi on the west side of Madrevite. Cheers to good times!

PICNIC *a Madrevite!*

Il picnic estivo offerto dalla cantina è il modo migliore per divertirsi sul Lago Trasimeno, sorseggiando vini locali e assaporando il cibo tipico con amici e familiari, ammirando il tramonto sul Lago di Chiusi, il lato ovest di Madrevite.

Castiglione del Lago

Castiglione del Lago is a charming village situated on Lake Trasimeno. It is shaped like a peninsula, allowing for a 360-degree view of the surrounding landscape, especially from the top of the Rocca del Leone tower. The town offers a variety of cultural activities and a wide range of gastronomic specialties. Visitors shouldn't miss the Tulip Festival, which takes place between late April and early May, or the largest Christmas tree in the world built on the water during the Christmas season. There's something for everyone!

Castiglione del Lago è un delizioso borgo situato sul Lago Trasimeno: la sua conformazione è a penisola, così da consentire una vista a 360 gradi sul panorama circostante, specialmente se si sale sulla torre della Rocca del Leone. La cittadina offre numerose attività culturali e un'ampia varietà di specialità gastronomiche. Non perdetevi la Festa del Tulipano e di Primavera, tra fine aprile e inizio maggio, oppure l'albero di Natale più grande del mondo costruito sull'acqua, nel mese di dicembre, durante "Luci sul Trasimeno". Ce n'è per tutti i gusti!

The historic center is surrounded by medieval walls and features a large fortress called **Rocca del Leone** (Lion Fortress). This fortress is one of the most notable examples of Umbrian medieval military architecture, built in 1247. It has an irregular pentagonal shape with five towers and a nearly 30-meter-high triangular keep that provides a stunning 360-degree panoramic view. The battlements offer a magnificent view of the lake, and the spacious interior now serves as a natural amphitheater for various performances.

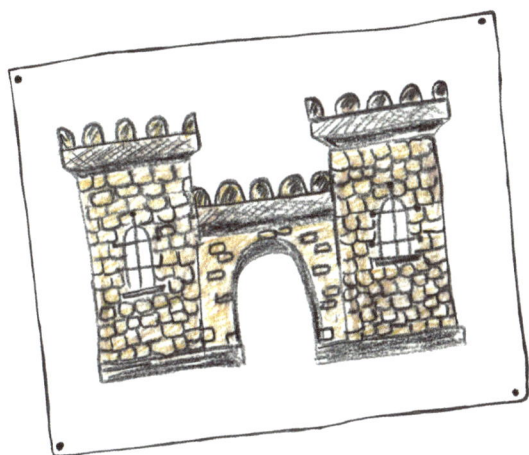

*Il centro storico è circondato da mura medievali e presenta una maestosa fortezza, **la Rocca del Leone**. Questa costruzione è uno degli esempi più notevoli di architettura militare medievale umbra, costruita nel 1247. Ha una forma pentagonale irregolare con cinque torri e un mastio triangolare alto quasi 30 metri che offre una splendida vista panoramica a 360 gradi. I bastioni offrono una magnifica vista sul lago e gli spaziosi interni ora fungono da anfiteatro naturale per vari spettacoli.*

3 Islands of Lake Trasimeno

Isola Maggiore, with its charming medieval village, offers a glimpse into the past with its historic buildings and traditions. The island is also known for lace-making. Visitors can wander the narrow streets and visit the Church of San Michele Arcangelo.

Isola Minore, the smallest island, is covered by thick woodland vegetation, and is privately owned.

Isola Polvese is located in the southeastern part of the lake and is the largest of the three. The island was explored by the Etruscans and inhabited by the Romans, as shown by some archaeological evidence. Today, it is a wildlife oasis owned by the provincial administration of Perugia.

Le 3 isole del Lago

Isola Maggiore, con il suo affascinante borgo medievale, offre uno sguardo unico sul passato con i suoi edifici storici e le sue tradizioni. L'isola è nota anche per la lavorazione del merletto, un'arte che è stata preservata e tramandata di generazione in generazione. Qui i visitatori possono passeggiare per le stradine e visitare la Chiesa di San Michele Arcangelo.

L'Isola Minore è l'isola più piccola, ricoperta da una fitta vegetazione boschiva e di proprietà privata.

L'Isola Polvese si trova nella parte sud-orientale del lago ed è la più grande delle tre. L'isola fu esplorata dagli Etruschi e abitata dai Romani, come dimostrano alcune testimonianze archeologiche. Oggi è un'oasi faunistica di proprietà dell'amministrazione provinciale di Perugia.

WINE TIME
I Vini di Madrevite

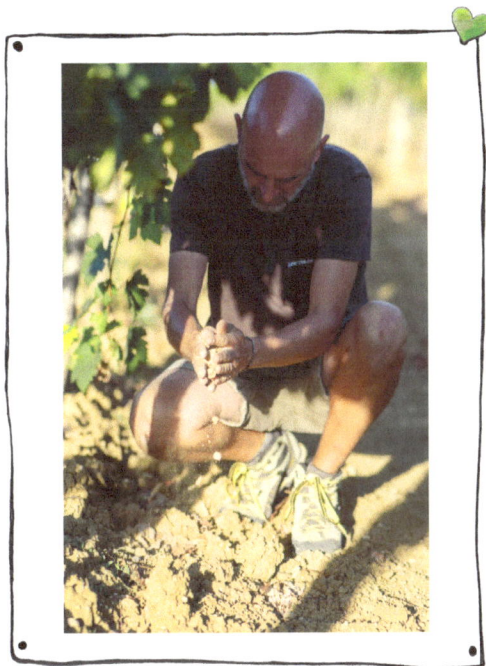

"My wines breathe the land, the place where they grow, the roots that sustain them, but also the passion, commitment, perseverance of the people who work them."

"I miei vini respirano la terra, il luogo in cui crescono, le radici che li sostengono, ma anche la passione, l'impegno, la perseveranza delle persone che li lavorano".

- Nicola Chiucchiurlotto

Grape: **Trebbiano Spoletino**
Umbria IGP
Straw yellow with "green heart" reflections,
white fruits and citrus orchard mingle with
mineral.

Sensations: Driving with the top down
"Okay Okay" by Pino D'Angio
Fritto Misto

Uva: *Trebbiano Spoletino*
Trebbiano Spoletino IGP
Giallo paglierino con riflessi
verdolini, frutti bianchi e agrumi si
mescolano alla nota minerale.

il Reminore

Sensazioni: Il ricordo ...
Guidare con la capote abbassata, ascoltare
"Ma Quale Idea" di Pino D'Angio
un piatto di Fritto Misto

'elvé

Grape: **Grechetto**
Trasimeno DOC
Elvé means "Oops, you've
arrived" at this intensely vivid straw
yellow wine. Indulge in aromas of
white perfumed fruits with a touch of
Meditteranean herbs.

Sensations:
Riding a bike with no hands
"Wishing Girl" by Lola Marsh
Fried Fish Sandwich

Uva: *Grechetto*
Trasimeno DOC
"ah eccoti, sei arrivato!" questa infatti è la traduzione dal dialetto umbro
di "elvé."Un vino giallo paglierino molto vivido, con aromi di frutta bian-
ca profumata e un tocco di erbe mediterranee.

Sensazioni:
Andare in bicicletta senza mani
"Wishing Girl" di Lola Marsh
Panino Di Pesce Fritto

la Bisbetica rose

Grape: **Gamay del Trasimeno**
Umbria IGP
The color of summer watermelon wrapped around a wild berry bramble and pink grapefuit.

Sensations: A day at the beach (or lake)
"Electric Love" by Børns
Pizza

Uva: *Gamay del Trasimeno*
Umbria IGP
Racchiude tutto Il colore dell'estate con sentori di anguria, frutti di bosco e pompelmo rosa.

Sensazioni: giornata al mare (o al lago) Rafting sul fiume
"Electric Love" di Børns
Pizza

Opra

Grape: **Gamay del Trasimeno**
Trasimeno DOC
Welcome to a bright ruby-red color, leading to aromas of plum, cherries, and notes of dried herbs.

Sensations:
Fireside chats
"Lola a l'eau" by Lola Le Lann
Grilled Meats & Vegetables

Uva: *Gamay del Trasimeno*
Trasimeno DOC
Di colore rosso rubino brillante, con aromi di prugna, amarene e note di erbette.

Sensazioni:
Chiacchiere davanti al caminetto
"Lola a l'eau" di Lola Le Lann
Carni e Verdure alla Griglia

41

Glanio

Grape: **Sangiovese**
Trasimeno DOC

Ruby-red color with purple reflexions lead to
intense aromas of red fruits and pepper.
Remarkable velvety persistence.

Sensations: Playing guitar by campfire
"Canopée" by Polo & Pan
Pasta with tomato sauce

Uva: *Sangiovese*
Trasimeno DOC
*Il colore rosso rubino con riflessi violacei conduce ad aromi
intensi di frutti rossi e pepe.
Notevole la persistenza vellutata.*

*Sensazioni:
Suonare la chitarra accanto al fuoco
"Canopée" di Polo & Pan
Pasta al sugo di pomodoro*

Titulla

Grape: **Syrah**
Umbria IGP
Fresh and fruity and pleasant herbaceousness,
balancing concentration with lively acidity.

Sensations: Star-gazing
"Distance" by Yebba
Loaded Charcuterie Board

Uva: *Syrah*
*Umbria IGP Fresco e fruttato e di piacevole erbaceità, bilanciando
la concentrazione con la vivace acidità.*

*Sensazioni: osservazione delle stelle
"Distance" di Yebba
Ricco tagliere di salumi e formaggi*

Grape: **Trebbiano Spoletino**
Championing the ancestral
method, the nose has hints of
white fruits and rising yeast.
Freshness mingles with
creamy fine bubbles.

Sensations: Walking across a cool river bridge
"20190724" by Mac DeMarco
Fried chicken

Uva: *Trebbiano Spoletino*
Prodotto con metodo ancestrale, al naso presenta sentori di frutti bianchi e crosta di pane. La freschezza contrasta con le bollicine cremose.

Sensazioni:
Attraversando un traballante ponte sul fiume
"20190724" di Mac DeMarco
Pollo fritto

Grape: **Syrah**
Umbria IGP

Whatever will be, will be...
berries growing in a woody forest, mighty
and meaty with fresh acidity.

Sensations: Horseback riding through a deep canyon
"Say That" by Toro y Moi
Steak with fries

Uva: *Syrah*
Umbria IGP

Che sarà, sarà... frutti di bosco,
potente e carnoso con fresca
acidità.

Sensazioni: Passeggiata a cavallo attraverso un profondo canyon
"Say That" di Toro y Moi
Bistecca con patatine fritte

43

Grape: **Gamay del Trasimeno**
Trasimeno DOC Riserva
Florals, sour cherries, and mixed fruit basket
with spice and mineral.

Sensations:
First date
"Time" by Khruangbin
Mushroom Risotto

Uva: *Gamay del Trasimeno*
Trasimeno DOC
Fiori e un canestro di frutta con spezie
e minerali.

Sensazioni:
Primo appuntamento
"Time" di Khruangbin
Risotto ai funghi

Grape: **Montepulciano**
Umbria IGP
Black berries and balsam, rustic and
playfully, but serious.

Sensations:
Waiting for the thunderstorm
"Crepuscolo Sul Mare"
by Piero Umiliani
Pappardelle and ragu

Uva: **Montepulciano**
Umbria IGP
Bacche nere e note balsamiche, rustico e
giocosamente serio.

Sensazioni:
Aspettando il temporale
"Crepuscolo Sul Mare" di Piero Umiliani
Pappardelle al ragù

Territory & Culture
A Romantic Legend

The name "Trasimeno" is rooted in enchanting legends, the most captivating being that of Agilla and Trasimeno. Prince Trasimeno, son of King Tirreno, fell in love with the nymph Agilla, only to tragically perish in the lake that now bears his name.

To this day, fishermen claim to hear Agilla's mournful cries as she searches for her beloved Trasimeno when the summer wind blows across the lake.

Territorio e Cultura
Una leggenda romantica

Il nome "Trasimeno" affonda le sue radici in leggende millenarie: la più avvincente è sicuramente quella di Agilla e Trasimeno. Il principe Trasimeno, figlio del re Tirreno, si innamorò della ninfa Agilla, per poi morire tragicamente nel lago che oggi porta il suo nome.

Ancora oggi, i pescatori affermano di sentire le grida dolorose di Agilla mentre cerca il suo amato Trasimeno quando il vento estivo soffia sul lago.

Territory & Culture

Lake Trasimeno shimmers amidst rolling hills and vineyards stretching as far as the eye can see. This tranquil oasis is not just picturesque; it is a living canvas weaving tales of history and culture.

The shores of Lake Trasimeno echo momentous events, none more striking than the **Battle of Lake Trasimeno** in 217 BC during the Second Punic War. Hannibal's Carthaginian forces clashed with the Romans, leaving an indelible mark.

Territorio e Cultura

Il Lago Trasimeno brilla tra dolci colline e vigneti che si estendono a perdita d'occhio in questa zona dell'Umbria. Questa oasi non è solo pittoresca; è una tela vivente che intreccia racconti di storia e cultura.

*Le sponde del Lago Trasimeno sono state testimoni della **Battaglia del Lago Trasimeno** nel 217 a.C., durante la Seconda Guerra Punica. Le forze cartaginesi di Annibale si scontrarono con quelle romane, lasciando un segno indelebile.*

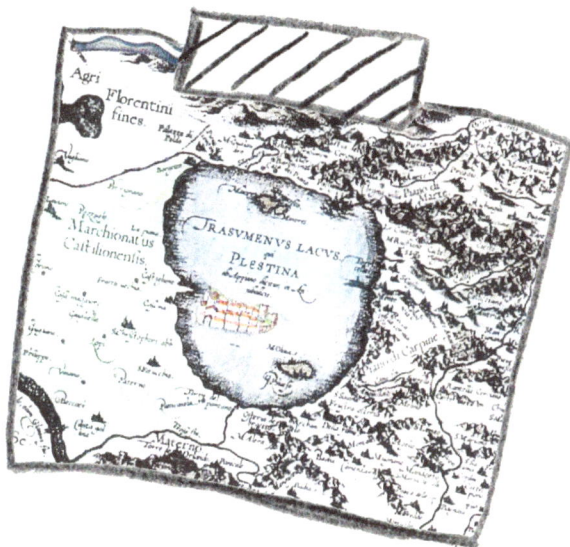

In 1610, **Eleonora Mendoza** introduced the Gamay del Trasimeno grape as part of her dowry upon marrying Duke Fulvio Alessandro della Corgna, the last Lord of Castiglione del Lago. This gesture not only enriched the region's viticulture but also intertwined Trasimeno's history with the art of winemaking. Today, the vineyards encircling the lake yield wines that reflect the region's unique terroir, with Gamay del Trasimeno emerging as a local treasure.

*Nel 1610 **Eleonora Mendoza** introdusse in dote l'uva Gamay del Trasimeno sposando l'ultimo Signore di Castiglione del Lago, il Duca Fulvio Alessandro della Corgna. Ciò non solo ha arricchito la viticoltura della regione, ma ha anche intrecciato la storia del Trasimeno con l'arte della vinificazione. I vigneti che circondano il lago ora producono vini che rispecchiano il terroir unico della regione, con il Gamay del Trasimeno che emerge come un tesoro locale da scoprire.*

47

Umbrian folklore comes alive through its vibrant festivals, where tradition and culture intertwine.
The Trasimeno Blues Festival and Trasimeno Music Festival offer music enthusiasts a blend of contemporary and classical sounds, set against the serene backdrop of Lake Trasimeno. Meanwhile, Umbria Jazz in Perugia showcases world-class jazz performances, blending the region's medieval charm with modern rhythms.

Il folklore umbro si anima attraverso le sue vivaci feste, dove tradizione e cultura si intrecciano. Il Trasimeno Blues Festival e il Trasimeno Music Festival offrono agli appassionati di musica una miscela di musica classica e contemporanea, nel contesto della serena cornice del Lago Trasimeno. Inoltre, Umbria Jazz a Perugia ospita artisti del genere a livello mondiale, fondendo il fascino medievale della regione con i ritmi moderni.

The Festa dei Ceri in Gubbio is a deeply rooted event, where towering wooden "Ceri" are paraded through the streets, symbolizing ancient religious fervor.

In Todi, the Balloon Grand Prix fills the skies with color, offering a unique spectacle of hot air balloons floating over the Umbrian landscape. Spoleto hosts two renowned **festivals**, Festival dei Due Mondi and Spoleto Art Festival, celebrating global art, music, and culture. These events, steeped in history and local tradition, offer a glimpse into the soul of Umbria, where past and present harmoniously coexist.

*La Festa dei Ceri di Gubbio è un evento profondamente radicato nella storia della regione, in cui gli imponenti "Ceri" di legno vengono fatti sfilare per le strade, simbolo dell'antico fervore religioso. A Todi, il Gran Premio delle Mongolfiere riempie il cielo di colori, offrendo uno spettacolo unico sul paesaggio umbro. Infine, Spoleto ospita due rinomati **festival**, il Festival dei Due Mondi e lo Spoleto Art Festival, che celebrano l'arte, la musica e la cultura mondiale. Questi eventi, intrisi di storia, offrono uno sguardo sull'anima dell'Umbria, dove passato e presente coesistono armoniosamente.*

CATCH *of the day*

Imagine the rich history of fishing in the region, dating back thousands of years. The waters of Lake Trasimeno have been teeming with species like perch, pike, carp, and tench, providing a vital source of protein and nutrients to locals. Even today, fishermen continue to employ traditional fishing techniques, using "barche" (flat-bottomed boats) and nets.

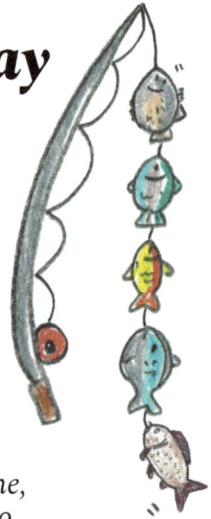

Immagina la ricca storia della pesca nella regione, risalente a migliaia di anni fa. Le acque del Lago Trasimeno pullulano di specie come il pesce persico, il luccio, la carpa e la tinca, fornendo una fonte vitale di proteine e sostanze nutritive alla gente del posto. I pescatori utilizzano ancora le tradizionali tecniche di pesca, favorendo l'uso delle "barche" (barche a fondo piatto) e delle reti.

Carp was a popular choice because it was easily preserved, and you could even eat it on a fasting day. When people were doing more manual labor, having hearty fish ready to consume became very important indeed.

Danielle Callegari
author, Dante's Gluttons

"La carpa è stata una scelta "popolare" poiché si conserva facilmente e il suo apporto nutritivo è molto ricco. Quando le persone in passato svolgevano più lavori manuali, avere del pesce sostanzioso pronto da consumare diventava quindi davvero molto importante". DC

oggi: *la PESCA*

When dining at Lake Trasimeno, enjoy heartier and more substantial seafood dishes. For example, try the local variation of porchetta made with carp instead of pork, known as **Carpa Regina Porchettata**. 💚

Interestingly, despite the abundance of fish, locals historically preferred other animals like rabbit and game. This preference may have been influenced by the high demand for fish in neighboring towns like Rome and Perugia, which contributed to income for Trasimeno fishermen.

Quando cenate sul Lago Trasimeno, non perdetevi i deliziosi piatti di pesce. Provate ad esempio la variante locale della porchetta fatta con la carpa al posto del maiale, conosciuta come **Carpa Regina Porchettata**.

È interessante notare che, nonostante l'abbondanza di pesce, la gente del posto storicamente preferiva gli animali da fattoria come il coniglio e la selvaggina. Questa preferenza potrebbe essere stata influenzata dalla forte richiesta di pesce nelle città vicine come Roma e Perugia, che contribuivano al reddito dei pescatori del Trasimeno.

DID YOU KNOW?
Also known as the **Doctor Fish**, the tench was thought to possess healing properties because it had been observed rubbing against other fish. This behavior was believed to heal wounded fish and cure them of parasites and disease.

LO SAPEVI?
Conosciuta anche come il **pesce dottore**, *si pensava che la tinca possedesse proprietà curative perché era stata osservata sfregarsi contro altri pesci - un comportamento pensatoper guarire i pesci feriti e curare parassiti e malattie.*

51

Lake Trasimeno Bean

The Lake Trasimeno bean, also known as **Fagiolina del Trasimeno**, is a cherished gem from Umbria, Italy. It is grown near Lake Trasimeno and is a vital part of the local economy. This small, oval bean appears white or cream, sometimes with black or reddish spots, and has deep roots tracing back to Etruscan times.

Hand-harvested and sun-dried, it offers a tender texture and a mild, nutty flavor, making it a versatile ingredient in traditional Umbrian recipes.

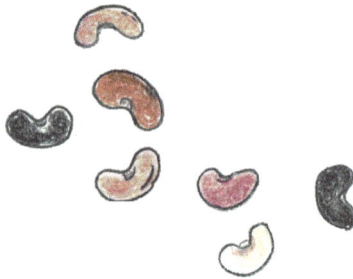

Fagiolina del Trasimeno

*Il fagiolo del Lago Trasimeno, noto anche come **fagiolina del Trasimeno**, è un prezioso gioiello dell'Umbria. Viene coltivato vicino alle sponde del Lago e costituisce una parte vitale dell'economia locale. Questo piccolo fagiolo ovale è di colore bianco o crema, a volte con macchie nere o rossastre, e ha radici profonde che risalgono all'epoca etrusca.*

Raccolto a mano ed essiccato al sole, ha un sapore delicato, di nocciola, che lo rende un ingrediente versatile nelle ricette tradizionali umbre.

An Umbrian Gem
Un gioiello umbro

The Slow Food recognition
helps preserve the bean's traditional cultivation and supports
local farmers,
ensuring it remains a
beloved culinary staple.

*Il riconoscimento Slow Food
aiuta a preservare la
coltivazione tradizionale del
fagiolo e sostiene gli
agricoltori locali, garantendo che
rimanga un alimento
protetto e parte del
patrimonio culinario del Paese.*

Cowpeas (*Vigna unguiculata*) are
unlike most dried legumes,
as they do not have to be soaked in
advance.

*Vigna unguiculata
è diversa dalla maggior parte dei legumi secchi. Non è necessario metterla a
bagno prima di
cucinarla.*

Olive Oil

In Trevi, Spoleto, Assisi, and beyond, olive oil production remains a cherished tradition in Umbria, passed down through generations. Every autumn, families gather to harvest olives and bring them to the local frantoio, or olive mill, where they are transformed into precious oil. The air fills with the fresh aroma of the new harvest.

Dolce Agogia, a prized olive from Lake Trasimeno, produces a golden oil with sweet, delicate aromas. In Umbria, olive oil is more than food—it's **heritage**. Each drop of oil carries the essence of Umbria, representing its history, culture, and love for the homeland.

Olio d'Oliva

Nelle città di Trevi, Spoleto, Assisi e altre, la tradizione della produzione di olio d'oliva continua, tramandata di generazione in generazione, preservando questa eredità millenaria.

Quando arriva l'autunno, la raccolta delle olive riunisce intere comunità. Le famiglie raccolgono le olive e portano il raccolto al frantoio locale. Qui vengono lavate, molite e spremute per estrarre il prezioso olio, riempiendo l'aria di un profumo fresco ed erbaceo.

*La Dolce Agogia è considerata una gemma preziosa del Lago Trasimeno: significa infatti "goccia dolce". Questa varietà tradizionale di oliva, ricca di polifenoli e povera di clorofilla, produce un olio dorato con aromi dolci e delicati. L'olio d'oliva non è solo cibo in Umbria; è **patrimonio**.
Collega le persone alla loro terra e ai loro antenati. Ogni goccia porta con sé l'essenza dell'Umbria, rappresentandone la storia, la cultura e l'amore per la terra d'origine.*

RECIPES
RICETTE

The area around Lake Trasimeno has evolved, incorporating influences from neighboring regions and cultures. Experience a rich tapestry of flavors, with traditional dishes highlighting the bounty of both the land and the lake. From hearty fish stews and rustic pasta dishes to flavorful roasted meats, the cuisine of Lake Trasimeno continues to reflect its long and storied history.

L'area intorno al Lago Trasimeno si è evoluta, incorporando influenze dalle regioni e dalle culture vicine. Sperimenta un ricco arazzo di sapori, con piatti tradizionali che mettono in risalto la generosità sia della terra che del lago. Dai sostanziosi stufati di pesce ai rustici primi piatti e alle saporite carni arrosto, la cucina del Lago Trasimeno continua a riflettere la sua lunga storia.

***

The following recipes are shared by talented local chefs. Think of them as friendly suggestions—feel free to get creative and make them your own!

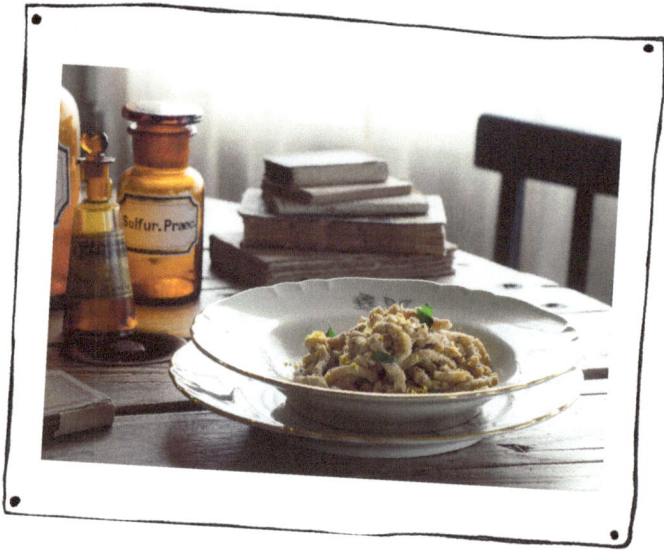

Passatelli in Lake Broth

Passatelli:
250 g breadcrumbs
2 lemons (grated)
nutmeg

250 g Parmigiano-Reggiano
7 beaten eggs
salt & pepper

Combine all the ingredients, mix well, and pass through a potato ricer directly into the boiling broth.

Lake broth:
1 kg. of fish
onion
bay leaf

celery
carrot
peppercorns

Passatelli in Brodo di Lago

Per i Per i passatelli:
gr. 250 di pangrattato   *gr. 250 di Parmigiano-Reggiano*
buccia di due limoni   *7 uova sbattute*
noce moscata   *sale e pepe*

Unire tutti gli ingredienti, mescolare bene e schiacciare l'impasto con l'apposito attrezzo direttamente dentro il brodo bollente.

Per il brodo di lago:
Kg 1 di pesce   *sedano*
cipolla carota   *alloro pepe in grani*

Scaldare bene la pentola per il brodo, tuffarci i pesci e le verdure, rosolare bene, coprire con acqua e lasciar bollire per circa 45 minuti; salare a piacere, filtrare e lessarvi i passatelli.

Osteria Rosso di Sera

San Feliciano

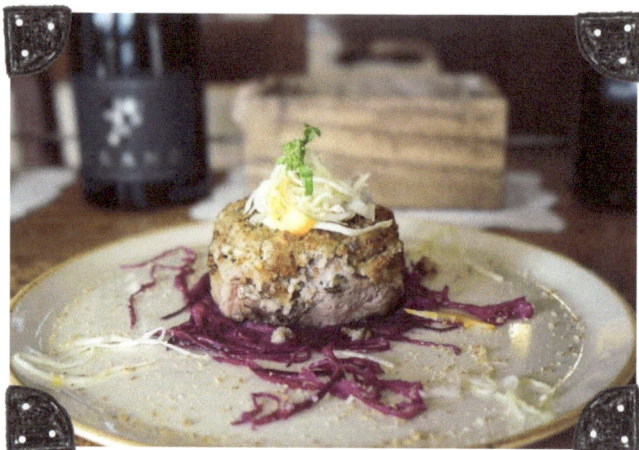

Medallion of Baked Queen Carp Porchetta

Medallion:
First, soak the carp with water and vinegar to whiten for 5-10 minutes, then marinate it for at least 8 hours with oil, chopped lemon, bay leaf, and fennel.

Filling:
Cut carp into strips, and season with coarse salt, seed oil, bay leaf, black pepper, fennel, garlic, lemon slices, and white wine. Press and shape into medallions. Bake in the oven at 180 degrees C for 45 mins.

Medaglione di Carpa Regina Porchettato al Forno

Medaglione:
Sbiancare la carpa con acqua e aceto, successivamente marinarla per almeno 8 ore con olio, limone a pezzi, alloro, finocchietto.

Preparazione del ripieno:
Tagliare la carpa a striscioline e condirla con sale grosso, olio di semi, alloro, pepe nero Grosso, finocchietto aglio limone a pezzi e vino bianco. Cottura in forno a 180 gradi per 45 min.

Ristorante l'Acquario
Castiglione del Lago

Potato Gnocchi

5 medium-sized potatoes,
preferably red-skinned
flour
1-2 eggs
salt

Peel and boil the potatoes.
Once cooked, mash them with
a potato masher. Gradually add
flour until it reaches a consistency that can be kneaded by
hand. Continue kneading, adding flour and beaten eggs a little
at a time. Once a solid consistency has been reached, stretch
the dough and create small strands, then cut into pillow-like
dumplings. Boil. If desired, garnish with aromatic herbs sau-
téed in butter and black summer truffle.

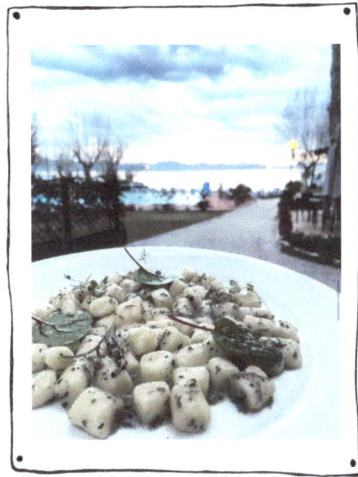

Gnocchi di Patate

*5-6 patate a pasta dura di media grandezza, preferibilmente
di montagna (o a buccia rossa)
farina
1-2 uova
sale*

*Sbucciare e lessare le patate. Una volta cotte, schiacciarle con lo
schiacciapatate e formare un mucchietto. Aggiungere gradualmente la farina fino a raggiungere una consistenza tale da poter
impastare a mano. Continuare a impastare, aggiungendo farina e
uova un po' alla volta. Una volta raggiunta la consistenza solida,
allungare l'impasto e creare dei piccoli filoni che verranno poi ta-
gliati per dare la tipica forma dello gnocco.*

*A piacere, guarnire con erbe aromatiche sciolte nel burro e tartufo
nero scorsone estivo.*

Hotel Kursaal
Passignano sul Trasimeno

Trasimeno Bean Soup

2 or 3 potatoes
1 celery root in salted water
green beans
pike

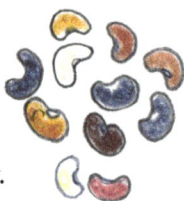

Boil the potatoes and celery root.
Dredge the fish in rice flower and fry.
Add whole green beans and blend.

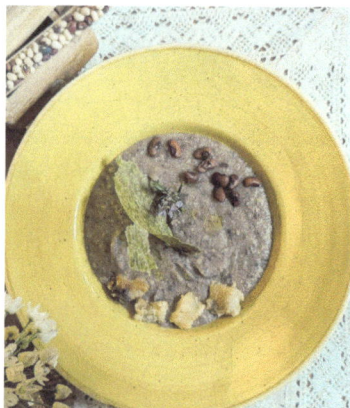

Zuppa di Fagiolina del Trasimeno

Lessare i legumi in acqua salata
aggiungere 2 o 3 Patate
1 sedano rapa

Aggiungere erbe aromatiche e frullare il tutto. A piacere, guarnire con Luccio croccante (fritto con farina di riso) e fagiolina intera.

Ristorante l'Acquario
Castiglione del Lago

"Daring" Tagliatelle

Gather fresh, assorted vegetables, preferably from the gardens of Isola Maggiore. Add ragù made with three types of fish from Trasimeno. Simmer everything, blend with brandy, and toss the fish and vegetable ragù with tagliatelle. Then, add diced Pachino cherry tomatoes, toasted pine nuts, and a sprig of parsley.

Tagliatelle dell'Oso

Si parte realizzando un soffritto a base di erbe aromatiche raccolte negli orti e giardini di Isola maggiore; al preparato viena aggiunto un ragù realizzato con tre differenti tipologie di pesce del Trasimeno e il tutto viene lasciato cuocere molto lentamente sfumando con brandy.

Nella fase finale viene aggiunta una dadolata di pomodorini pachino. Il piatto viene concluso aggiungendo pinoli tostati e una spolverata di prezzemolo.

Ristorante l'Oso
Isola Maggiore

Pigeon & Carrot

With deboned pigeon, set aside breast, thighs, and liver. Use the remaining to make the broth. Cook the breasts and thighs separately at a low temperature. Sear in a pan before being plated, and coat with pigeon reduction.

Liver pâté:
Brown the liver and shallots, then blend with cold butter. Before being served, dust the pâté with powdered carrots.

Spiced carrot cream:
Bake the carrots with cinnamon, clove, nutmeg, and star anise. Then place in a saucepan, add broth, and blend until creamy.

Piccione e Carota

Il piccione viene precedentemente cotto a bassa temperatura. Il patè di fegatini si ottiene rosolando in padella i fegatini con dello scalogno; terminata la cottura vengono frullati aggiungendo burro freddo di frigo.

Prima di essere servito sul patè viene spolverata una polvere di carote, mentre il petto e la coscia una volta impiattati vengono nappati con uno jus di piccione.

La crema di carote speziata è ottenuta facendo tostare in forno le carote con varie spezie. Dopo il passaggio in forno il tutto viene portato in casseruola dove si ultima la cottura aggiungendo brodo vegetale ed infine frullato per ottenere la crema.

Le carote in agrodolce vengono cotte con uno sciroppo di aceto e zucchero ed insaporite con le stesse spezie della crema che sono cannella, chiodi di garofano, noce moscata, anice stellato.

Osteria del Posto
Chiugiana, Perugia

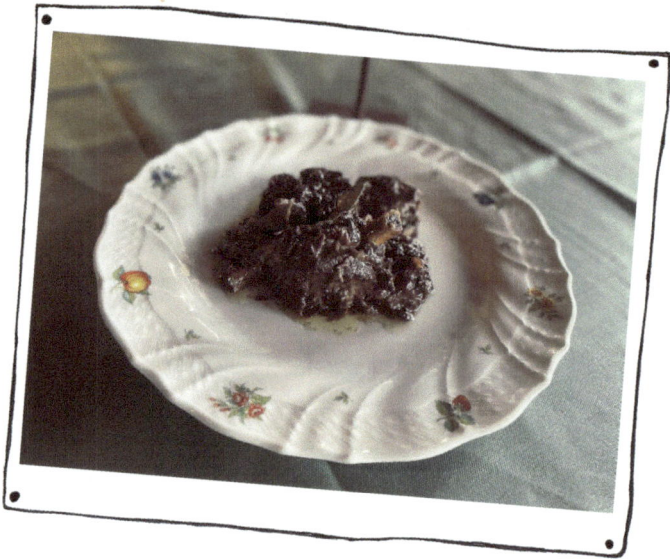

Braised Lamb with
Gamay del Trasimeno

For the lamb stew you will need a good quantity of lamb on bone, at least a couple of kg. for four people.

1 L beef broth	2 sprigs of thyme
2 stalks of celery	2 carrots
1 red onion	6 garlic cloves
2 or 3 bay leaves	4 sage leaves
2 sprigs of rosemary	Black pepper to taste
1 (750ml) Gamay del Trasimeno	

Cut the lamb, celery, carrots, and onion into medium-sized pieces, and peel the garlic cloves. Pour a generous amount of extra virgin olive oil into the saucepan and heat. Add the meat and brown evenly until golden brown. Add all the vegetables, herbs, and a bottle of Gamay del Trasimeno, then stir well. Add a liter of beef broth, simmer for 10 minutes, and mix again. Adjust salt and season generously with black pepper. Cover the saucepan with a lid and cook over medium heat for about 2.5 hours. Serve with a side dish."rously with black pepper. Cover the saucepan with a lid and cook over medium heat for about 2.5 hours. Serve with a side dish.

Stracotto D'agnello
al Vino Gamay del Trasimeno

2 kg agnello con osso 1L brodo di manzo
2 coste di sedano 2 carote
1 cipolla rossa 6 spicchi d'aglio
2 o 3 foglie d'alloro 4 foglie di salvia
2 rametti di timo 2 rametti di rosmarino
Pepe nero q.b.
1 bottiglia di Gamay del Trasimeno (0,75L)

Per preparare lo stracotto d'agnello al Gamay dovrete reperire una buona quantita di agnello con l'osso, almeno un paio di kg per quattro persone. Tagliare a pezzi di medie dimensioni l'agnello, il sedano, le carote e la cipolla, spellate gli spicchi d'aglio e lasciateli interi. Preparate l'alloro, il timo, la salvia, il rosmarino, una bottiglia di Gamay del Trasimeno dell'azienda Madrevite e metterli in una casseruola. Ora versare un giro d'olio evo abbondante nella casseruola e fatelo scaldare, unite i pezzi di carne e fateli rosolare uniformemente finché il colore non risulterà ben dorato. A questo punto, unite alla casseruola tutte le verdure compresi gli aromi e gli odori, e mescolate bene.

Aggiungete un litro di brodo di manzo e mescolate nuovamente, aggiustate di sale e insaporite il tutto con una generosa macinata di pepe nero. Coprite la casseruola con il suo coperchio e cuocere a fiamma media per circa 2 ore e 30 minuti. Servite l'agnello al vino rosso accompagnato da un contorno.

Ristorante La Badiaccia
Castiglione del Lago

Tegamaccio

Tegamaccio is a traditional fish stew from Lake Trasimeno in Umbria, Italy, embodying cucina povera or "peasant cooking." It's made with local freshwater fish like perch, pike, eel, and tench, and is named after the "tegame," the clay pot traditionally used to cook it, giving the dish its rustic character.

Prepare a sauté base with garlic, onion, parsley, and chili pepper with plenty of extra virgin olive oil. Then add tomato paste diluted with hot water and red wine and cook for at least 20 to 30 minutes. Add the fish pieces (tench, perch, eel, pike), salt and pepper and cook over low heat for at least 2 or 3 hours, adding hot water or fish broth as necessary.

Il Tegamaccio è una delle ricette più rappresentative della cucina povera del lago Trasimeno. Il nome deriva dalla storpiatura di "tegame", venivano utilizzati i pesci che non avevano un buon mercato, troppo piccoli o gli scarti di lavorazione di quelli più pregiati (soprattutto le teste). Il tegame è rigorosamente di coccio e la fiamma bassa, un tempo si utilizzavano addirittura le braci.

Preparare una base di soffritto con aglio, cipolla, prezzemolo e peperoncino con abbondante olio evo. Aggiungere poi il concentrato di pomodoro diluito con acqua calda e vino rosso da fare cuocere almeno 20/30 minuti. Aggiungere quindi i pesci a pezzi (tinca, persico, anguilla, luccio) salare, pepare e fare cuocere a fuoco lento per almeno 2 o 3 ore aggiungendo se necessario acqua calda o brodo di pesce.

La Pigra Tinca
Castiglione del Lago

Guinea Fowl in Salmì

For 64 years, our restaurant has proudly served guinea fowl with crostone, a dish inspired by a traditional salmí recipe. The guinea fowl is first cooked in a pan with olive oil, then stuffed with a rich meat filling that includes its own innards. Once cooked, the innards are finely minced and spread over toasted bread.

To finish the dish, the guinea fowl is arranged in pieces and arranged on top of the prepared crostone, creating a delicious and satisfying combination of flavors and textures.

Faraona in Salmì

Elaborata in un salmí rivisitato, la faraona al crostone è ormai da 64 anni il piatto che rappresenta il nostro ristorante. Cotta in pentola con olio d'oliva, è arricchita da una farcia di carni, tra le quali le interiora della stessa che poi vengono macinate a cottura ultimata e adagiate su del pane tostato.

Il piatto viene finito di comporsi spezzando la faraona e posizionandola sopra questo crostone; da qui il nome di "faraona al crostone".

Masolino
Panicale

Braised Wild Boar with Dolceforte Sauce

(Serves 4)

2 lbs wild boar meat	2 tablespoons of pine nuts
1 red Cannara onion, sliced	1 tablespoon raisins
2 cloves	1/2 glass of vinegar
1 carrot, chopped	1 teaspoon of sugar
1 celery stalk, chopped	salt and pepper
Pinch of nutmeg	extra virgin olive oil
1 cinnamon stick	
juniper	
laurel	

red wine preferably Sagrantino di Montefalco DOCG
or Sangiovese Torgiano Rosso DOCG reserve
1 square of dark bitter chocolate, preferably Perugina

Cut the wild boar meat into large pieces. Place the meat, the red Cannara onion, the cloves, the carrot, the celery, the cinnamon stick broken in two, a pinch of nutmeg, and a drop of oil in a cast iron or ceramic casserole dish and cover with red wine. Close with the lid and place in the fridge overnight.

The next day, add salt and pepper and start cooking over high heat. When the wine begins to boil, lower the heat and cook over low heat for about 4 hours, checking occasionally that the wine has not reduced.

Preparation of the dolceforte: prepare the grated chocolate, the already washed raisins soaked in hot water, pine nuts, bay leaf, sugar, and vinegar.

Half an hour before turning off the wild boar, remove the meat from the sauce and pass the sauce with the vegetables and spices. Put everything back into the cocotte (sauce and meat), tip the dolceforte inside, and finish cooking. Serve the wild boar with a side dish of caramelized Cannara onions.

Cinghiale in Dolceforte

Il dolceforte è un modo di cucinare carni dal sapore deciso, come la cacciagione; risale probabilmente all'epoca medioevale ed è nato in Umbria e Toscana.Richiede una preparazione lunga, occorre lasciare tutta la notte il cinghiale marinare nel vino con gli odori ed è necessaria una lunga cottura, per rendere la carne tenera.

Il dolceforte, in buona sostanza, è una bagna di aceto, cioccolato, uvetta e pinoli che si aggiunge, quasi a fine cottura, al cinghiale in umido.

Ingredienti per 4 persone - 800 gr. di polpa di cinghiale
1 cipolla rossa di Cannara	*chiodi di garofano q.b.*
1 carota	*1 costa di sedano*
noce moscata	*1 stecca di cannella*
ginepro	*alloro*
2 cucchiai di pinoli	*1 cucchiaio di uvetta sultanina*
1/2 bicchiere di aceto	*1 cucchiaino di zucchero*
sale e pepe	*olio evo*

vino rosso preferibilmente Sagrantino di Montefalco DOCG o Sangiovese Torgiano Rosso Riserva DOCG
un quadretto di cioccolato amaro preferibilmente fondente Perugina

Tagliare la polpa di cinghiale a pezzi grandi. Mettere in una cocotte di ghisa o ceramica la carne, la cipolla rossa di Cannara, i chiodi di garofano, la carota, il sedano, la stecca di cannella spezzata in 2, un pizzico di noce moscata, un goccio d'olio e ricoprire di vino rosso. Chiudere con il coperchio e riporre per una notte in frigo.

Il giorno dopo, aggiungere sale e pepe e iniziare a cuocere a fiamma viva. Quando il vino comincerà a bollire, abbassare la fiamma e cuocere a fuoco lento, per circa 4 ore, controllando di tanto in tanto che il vino non si sia ristretto.

Preparazione del dolceforte: preparare in una ciotola il cioccolato grattato, l'uvetta già lavata e ammollata in acqua calda, i pinoli, l'alloro, lo zucchero e l'aceto.

Mezz'ora prima di spegnere il cinghiale tirare su la carne dall'intingolo e passare il sugo con le verdure e le spezie. Rimettere tutto nella cocotte (sugo e carne), rovesciare all'interno il dolceforte e concludere la cottura. Serviamo il cinghiale così preparato con contorno di Cipolle di Cannara caramellate.

Lillo Tatini
Panicale

Notes/Note

Notes/Note

Special thanks:
Ringraziamenti:

Concept & Editing
Studio Cru

Italian translation
Traduzione italiana a cura
Tullia Mantella - Studio Cru

Powerful bite-sized information by
Informazioni in pillole a cura di
Danielle Callegari
Ian D'Agata
Chiara Giorleo
Alessandro Masnaghetti

Emiliano Falsini, oenologist
Stefano Dini & Dario Ceccatelli, agronomists

Hotel Kursaal
La Pigra Tinca
Lillo Tatini
Masolino
Osteria del Posto
Osteria Rosso di Sera
Ristorante l'Acquario
Ristorante La Badiaccia
Ristorante l'Oso

About the author:
Marisa Finetti is an American wine writer, illustrator, and author of Marisa's Wine Doodles. She holds a WSET Level 3 certification in wine and is a certified Italian Wine Scholar (IWS). With no formal training in art, she delights in communicating through whimsical interpretations of wine and wine culture.

L'autrice:
Marisa Finetti è una scrittrice americana specializzata nel settore del vino, illustratrice e autrice di Marisa's Wine Doodles. Ha conseguito la certificazione WSET di livello 3 e ha ottenuto la certificazione di Italian Wine Scholar (IWS). Da sempre amante del disegno, si diletta anche nella comunicazione visiva di produttori, vini e territori.